Hermann Helmholtz

Über Goethes
naturwissenschaftliche Arbeiten

EUROPÄISCHER
LITERATUR
VERLAG

Helmholtz, Hermann

Über Goethes naturwissenschaftliche Arbeiten

ISBN: 978-3-86267-110-6

Auflage: 1
Erscheinungsjahr: 2011
Erscheinungsort: Bremen, Deutschland

Europäischer Literaturverlag GmbH, Fahrenheitstr. 1, 28359 Bremen
(www.elv-verlag.de).

Hermann von Helmholtz

Über Goethes
naturwissenschaftliche Arbeiten

Vortrag gehalten zu Königsberg, 1853

(mit einer Nachschrift von 1875)

Goethe, dessen umfassendes Talent namentlich in der besonnenen Klarheit hervortrat, womit er die Wirklichkeit des Menschen und der Natur in ihren kleinsten Zügen mit lebensfrischer Anschauung festzuhalten und wiederzugeben wusste, ward durch diese besondere Richtung seines Geistes mit Notwendigkeit zu naturwissenschaftlichen Studien hingeführt, in denen er nicht nur aufnahm, was Andere ihn zu lehren wussten, sondern auch, wie es bei einem so ursprünglichen Geiste nicht anders sein konnte, bald selbsttätig, und zwar in höchst eigentümlicher Weise einzugreifen versuchte. Er wandte seine Tätigkeit sowohl dem Gebiete der beschreibenden, als dem der physikalischen Naturwissenschaften zu; jenes geschah namentlich in seinen botanischen und osteologischen Abhandlungen, dieses in der Farbenlehre. Die ersten Gedankenkeime dieser Arbeiten fallen meist in das letzte Jahrzehnt des vorigen Jahrhunderts, wenn auch ihre Ausführung und Darstellung teilweise später vollendet ist. Seitdem hat die Wissenschaft in sehr ausgedehnter Weise vorwärts gearbeitet, zum Teil ganz neues Ansehen gewonnen, ganz neue Gebiete der Forschung eröffnet, ihre theoretischen Vorstellungen mannigfach geändert. Ich will versuchen, im Vorliegenden das Verhältnis der Arbeiten *Goe-*

thes zum gegenwärtigen Standpunkte der Naturwissenschaften zu schildern und den gemeinsamen leitenden Gedanken derselben anschaulich zu machen.

Der eigentümliche Charakter der beschreibenden Naturwissenschaften, Botanik, Zoologie, Anatomie usw., wird dadurch bedingt, dass sie ein ungeheures Material von Tatsachen zu sammeln, zu sichten und zunächst in eine logische Ordnung, ein System, zu bringen haben. So weit ist ihre Arbeit nur die trockene eines Lexikografen, ihr System ein Repositorium, in welchem die Masse der Akten so geordnet ist, dass jeder in jedem Augenblicke das Verlangte finden kann. Der geistigere Teil ihrer Arbeit und ihr eigentliches Interesse beginnt erst, wenn sie versuchen, den zerstreuten Zügen von Gesetzmäßigkeit in der unzusammenhängenden Masse nachzuspüren und sich daraus ein übersichtliches Gesamtbild herzustellen, in welchem jedes Einzelne seine Stelle und sein Recht behält und durch den Zusammenhang mit dem Ganzen an Interesse noch gewinnt. Hier fand der ordnende und ahnende Geist unseres Dichters ein geeignetes Feld für seine Tätigkeit, und zugleich war die Zeit ihm günstig. Er fand schon genug Material in der Botanik und vergleichenden Anatomie gesammelt und logisch geordnet vor, um eine umfassende Rundschau zu erlauben und auf richtige Ahnungen einer durchgehenden Gesetzmäßigkeit hinzuweisen. Dagegen irrten die Bestrebungen seiner Zeitgenossen in dieser Beziehung meist ohne Leitfaden umher, oder sie waren noch so sehr von der Mühe des trockenen Einregistrierens in Anspruch genommen, dass sie an weitere Aussichten kaum zu denken wagten. Hier war es *Goethe* vorbehalten, zwei bedeutende Gedanken von ungemeiner Fruchtbarkeit in die Wissenschaft hineinzuwerfen.

Die erste Idee war, dass die Verschiedenheiten in dem anatomischen Bau der verschiedenen Tiere aufzufassen seien als Abänderungen eines gemeinsamen Bauplanes oder Typus, bedingt durch die verschiedenen Lebensweisen, Wohnorte, Nahrungsmittel. Die Veranlassung für diesen folgereichen Gedanken war sehr unscheinbar und findet sich in der schon 1786 geschriebenen, kleinen Abhandlung über das Zwischenkieferbein. Man wusste, dass bei sämtlichen Wirbeltieren (d. h. Säugetieren, Vögeln, Amphibien, Fischen) die obere Kinnlade jederseits aus zwei Knochenstücken besteht, dem sogenannten Oberkiefer- und Zwischenkieferbein. Ersteres enthält bei den Säugetieren stets die Backen- und Eckzähne, Letzteres die Schneidezähne. Der Mensch, welcher sich von ihnen allen durch den Mangel der vorragenden Schnauze unterscheidet, hatte dagegen jederseits nur ein Knochenstück, das Oberkieferbein, welches alle Zähne enthielt. Da entdeckte *Goethe* auch am menschlichen Schädel schwache Spuren der Nähte, welche bei den Tieren Oberkiefer und Zwischenkiefer verbinden, und schloss daraus, dass auch der Mensch ursprünglich einen Zwischenkiefer besitze, der aber später durch Verschmelzung mit dem Oberkiefer verschwinde. Diese unscheinbare Tatsache lässt ihn sogleich einen Quell des anregendsten Interesses in dem wegen seiner Trockenheit übel berüchtigten Boden der Osteologie entdecken. Dass Mensch und Tier ähnliche Teile zeigen, wenn sie diese Teile zu ähnlichen Zwecken dauernd gebrauchen, hatte nichts Überraschendes gehabt. In diesem Sinne hatte schon *Camper* die Ähnlichkeiten des Baues bis zu den Fischen hin zu verfolgen gesucht. Aber dass diese Ähnlichkeit der Anlage nach bestehe, auch in einem Falle, wo sie den Anforderungen des vollendeten menschlichen Baues offenbar nicht entspricht, und ihnen deshalb nachträglich durch Verwachsung der getrennt entstandenen Teile angepasst werden muss, das war ein Wink, welcher dem geistigen Auge von *Goethe* genügte, um ihm einen Standpunkt von weit umfassender Aussicht anzuzeigen. Weitere Studien überzeugten ihn bald von der Allgemeingültigkeit seiner neu gewonnenen Anschauung, sodass er im Jahre 1795 und 1796 die ihm dort aufgegangene Idee näher bestimmen und in dem *Entwurf einer allgemeinen Einleitung in die vergleichende Anatomie* zu Papier bringen konnte. Er lehrt darin mit der größten Entschiedenheit und Klarheit, dass alle Unterschiede im Bau der Tierarten aufgefasst werden müssten als Veränderungen des einen Grundtypus, welche durch Verschmelzung, Umformung, Vergrößerung, Verkleinerung oder gänzliche Beseitigung einzelner Teile hervorgebracht seien. Es ist das, im gegenwärtigen Zustande der vergleichenden Anatomie, in der Tat die leitende Idee dieser Wissenschaft geworden. Sie ist später nirgends besser und klarer ausgesprochen, als es durch *Goethe* geschehen ist; auch hat die Folgezeit nur wenige wesentliche Veränderungen daran vorgenommen, deren wichtigste die ist, dass man den gemeinsamen Typus jetzt nicht für das ganze Tierreich, sondern für jede der von *Cuvier* aufgestellten Hauptabteilungen desselben zugrunde legt. Der Fleiß von *Goethes* Nachfolgern hat ein unendlich viel reicheres, wohlgesichtetes Material zusammengehäuft und hat das, was er nur in allgemeinen Andeutungen geben konnte, in das Speziellste verfolgt und durchgeführt.

Die zweite leitende Idee, welche *Goethe* der Wissenschaft schenkte, sprach eine ähnliche Analogie zwischen den verschiedenen Teilen ein und desselben organischen Wesens aus, wie wir sie eben für die entsprechenden Teile verschiedener Arten beschrieben haben. Die meisten Organismen zeigen eine vielfältige Wiederholung einzelner Teile. Am auffallendsten ist das bei den Pflanzen; eine jede pflegt eine große Anzahl gleicher Stängelblätter, gleicher Blütenblätter, Staubfäden usw. zu haben.

Goethe wurde zuerst, wie er erzählt, beim Anblick einer Fächerpalme in Padua darauf aufmerksam, wie mannigfach die Übergänge zwischen den verschiedenen Formen der nacheinander entwickelnden Stängelblätter einer Pflanze sein können, wie, statt der ersten einfachsten Wurzelblättchen, mehr und mehr geteilte Blätter und schließlich die zusammengesetztesten Fiederblätter sich entwickeln; es gelang ihm auch später die Übergänge zwischen den Blättern des Stängels und denen des Kelches und der Blüte, zwischen Letzteren und den Staubfäden, Nektarien und Samengebilden zu finden und so zur Lehre von der Metamorphose der Pflanzen zu gelangen, welche er 1790 veröffentlichte. Wie die vordere Extremität der Wirbeltiere sich bald zum Arm beim Menschen und Affen, bald zur Pfote mit Nägeln, bald zum Vorderfuß mit Hufen, bald zur Flosse, bald zum Flügel entwickelt und immer eine ähnliche Gliederung, Stellung und Verbindung mit dem Rumpf behält, so erscheint das Blatt bald als Keimblatt, bald als Stängelblatt, Kelchblatt, Blütenblatt, Staubfaden, Honiggefäß, Pistill, Samenhülle usw. immer mit einer gewissen Ähnlichkeit der Entstehung und Zusammensetzung und, unter ungewöhnlichen Umständen, auch bereit, aus der einen Form in die andere überzugehen. Jeder, der eine gefüllte Rose aufmerksam betrachtet, wird ihre teils halb, teils ganz in Blütenblätter verwandelten Staubfäden leicht erkennen. Auch diese Anschauungsweise *Goethe*s ist gegenwärtig in der Wissenschaft vollständig eingebürgert und erfreut sich der allgemeinen Zustimmung der Botaniker, wenn auch über einzelne Deutungen gestritten wird, z. B. ob der Samen ein Blatt oder ein Zweig sei.

Unter den Tieren ist die Zusammensetzung aus ähnlichen Teilen sehr auffallend in der großen Abteilung der Geringelten, z. B. der Insekten und Ringelwürmer. Die Insektenlarve, die Raupe eines Schmetterlings, besteht aus einer Anzahl ganz gleicher Körperabschnitte, der Leibesringel; nur der erste und letzte zeigen gewisse Abweichungen. Bei ihrer Verwandlung zum vollkommenen Insekt bewährt sich sehr leicht und deutlich die Anschauungsweise, welche *Goethe* in der Metamorphose der Pflanzen aufgefasst hatte: die Entwickelung des ursprünglich Gleichartigen zu anscheinend sehr verschiedenen Formen. Die Ringel des Hinterleibes behalten ihre ursprüngliche einfache Form, die des Bruststückes ziehen sich stark zusammen, entwickeln Füße und Flügel, die des Kopfes Kinnladen und Fühlhörner, sodass an vollkommenen Insekten die ursprünglichen Ringel nur noch am Hinterleibe zu erkennen sind. Auch bei den Wirbeltieren ist die Wiederholung gleichartiger Teile in der Wirbelsäule angedeutet, aber in der äußeren Gestalt nicht mehr zu erkennen. Ein glücklicher Blick auf einen halb gesprengten Schafschädel, welchen *Goethe* im Sande des Lido von Venedig 1790 zufällig fand, lehrte ihn auch den Schädel als eine Reihe stark veränderter Wirbel aufzufassen. Beim ersten Anblick kann nichts unähnlicher sein, als die weite, einförmige, von platten Knochen begrenzte Schädelhöhle der Säugetiere und das enge zylindrische, aus kurzen, massigen und vielfach gezackten Knochen zusammengesetzte Rohr der Wirbelsäule. Es gehört ein geistreicher Blick dazu, um im Schädel der Säugetiere die ausgeweiteten und umgeformten Wirbelringe wiederzuerkennen, während bei Amphibien und Fischen die Ähnlichkeit auffallender ist. *Goethe* ließ übrigens diesen Gedanken lange Zeit liegen, ehe er ihn veröffentlichte; vielleicht, weil er seiner günstigen Aufnahme nicht recht sicher war. Unterdessen fand *Oken* 1806 denselben Gedanken, führte ihn in die Wissenschaft ein und geriet darüber in einen Prioritätsstreit mit *Goethe*, welcher erst 1817, als der Gedanke anfing sich Beifall zu erwerben, erklärte, dass er ihn seit 30 Jahren gehegt habe. Über die Zahl und die Zusammensetzung der einzelnen Schädelwirbel ward und wird noch viel gestritten, der Grundgedanke hat sich aber erhalten.

Die Lehre von der Pflanzenmetamorphose ist als *Goethes* anerkanntes und direktes Eigentum in die Botanik eingeführt worden. Seine Ansichten über den gemeinsamen Bauplan der Tiere scheinen dagegen

nicht eigentlich direkt in den Entwickelungsgang der Wissenschaften eingegriffen
zu haben. Seine osteologischen Ansichten
stießen zuerst auf Widerspruch bei den
Männern vom Fache und wurden erst später, als sich die Wissenschaft, wie es
scheint, unabhängig zu derselben Erkennt-
nis durchgearbeitet hatte, Gegenstand der
Aufmerksamkeit. Er selbst klagt, dass seine
ersten Ideen über den gemeinsamen Typus
zur Zeit, als er sie in sich durcharbeitete,
nur Widerspruch und Zweifel gefunden
und dass sogar Männer von frisch aufkei-
mender Originalität, wie *Alexander* und
Wilhelm von Humboldt, sie nur mit einer
gewissen Ungeduld angehört hätten. Es
liegt aber in der Natur der Sache, dass
theoretische Ideen in den Naturwissenschaften nur dann die Aufmerksamkeit der
Fachgenossen erregen, wenn sie gleichzeitig mit dem ganzen beweisenden Materiale
vorgeführt werden und durch dieses ihre
tatsächliche Berechtigung darlegen. Jeden-
falls aber gebührt *Goethe* der große Ruhm,
die leitenden Ideen zuerst vorausgeschaut
zu haben, zu denen der eingeschlagene
Entwickelungsgang der genannten Wissenschaften hindrängte und durch welche deren gegenwärtige Gestalt bestimmt wird.

So groß nun die Verehrung ist, welche *Goethe* durch seine Leistungen in den beschreibenden Naturwissenschaften sich erworben hat, so unbedingt ist auch der Widerspruch, den seine Arbeiten auf dem Gebiete der physikalischen Naturwissenschaften, namentlich seine Farbenlehre bei sämtlichen Fachgenossen gefunden haben. Es ist hier nicht die Stelle, mich in die darüber geführte Polemik einzulassen; ich will nur versuchen, den Gegenstand des Streites, seinen verborgenen Sinn, seine eigentliche Bedeutung darzulegen und nachzuweisen. Es ist in dieser Beziehung von Wichtigkeit auf die Entstehungsgeschichte der Farbenlehre und ihren ersten einfachsten Stand zurückzugehen; weil hier schon die Gegensätze vollständig vorhanden sind und, nicht verhüllt durch Streit um die Richtigkeit besonderer Tatsachen und verwickelter Theorien, sich leicht und klar darlegen lassen.

Goethe selbst erzählt sehr hübsch in der Konfession am Schluss seiner Geschichte der Farbenlehre, wie er dazu gekommen war, diese zu bearbeiten. Weil er sich die ästhetischen Grundsätze des Kolorits in der Malerei nicht klar machen konnte, beschloss er, die physikalische Farbenlehre, wie sie ihm auf der Universität gelehrt worden war, wieder vorzunehmen und die dazu gehörigen Versuche selbst zu wiederholen. Er borgt zu dem Ende ein Glasprisma vom Hofrat *Büttner* in Jena, lässt es aber längere Zeit unbenutzt liegen, weil andere Beschäftigungen ihn von seinem Vorsatze ablenken. Der Eigentümer, ein ordnungsliebender Mann, schickt, nach mehreren vergeblichen Mahnungen, einen Boten, der das Prisma gleich mit sich zurücknehmen soll. *Goethe* sucht es aus dem Kasten hervor und möchte doch wenigstens noch einen Blick hindurch tun. Er sieht auf das Geratewohl nach einer ausgedehnten hellen weißen Wand hin, in der Voraussetzung, da sei viel Licht, da müsse er auch eine glänzende Zerlegung dieses Lichts in Farben sehen, eine Voraussetzung, welche übrigens beweist, wie wenig gegenwärtig ihm *Newtons* Theorie der Sache war. Er findet sich natürlich getäuscht. Auf der weißen Wand erscheinen ihm keine Farben; diese entwickeln sich erst da, wo sie von dunkleren Gegenständen begrenzt werden, und er macht die richtige Bemerkung, welche übrigens in *Newtons* Theorie ebenfalls ihre vollständige Begründung findet, dass Farben durch Prisma nur da erscheinen, wo ein dunklerer Gegenstand an einen helleren stößt. Betroffen von dieser ihm neuen Bemerkung und in der Meinung, sie sei mit *New-tons* Theorie nicht vereinbar, sucht er den Eigentümer des Prismas zu beschwichtigen und macht sich nun mit angestrengtem Eifer und Interesse über die Sache her. Er bereitet sich Tafeln mit schwarzen und weißen Feldern, studiert an diesen die Erscheinungen unter mannigfachen Abänderungen, bis er seine Regeln hinreichend bewährt glaubt. Nun versucht er seine vermeintliche Entdeckung einem benachbarten Physiker zu zeigen, und ist unangenehm überrascht, von diesem die Versicherung zu hören, die Versuche seien allbekannt und erklärten sich vollständig aus *Newtons* Theorie der Sache. Dieselbe Erklärung trat ihm von nun an unabänderlich aus dem Munde jedes Sachverständigen entgegen, selbst bei dem genialen *Lichtenberg*, den er eine Zeit lang vergebens zu bekehren suchte. *Newtons* Schriften studierte er und glaubte die Trugschlüsse, welche den Grund des Irrtums enthalten sollten, darin aufgefunden zu haben. Da er keinen seiner Bekannten zu überzeugen vermochte, beschloss er endlich, vor den Richterstuhl der Öffentlichkeit zu treten und gab nun 1791 und 1792 das erste und zweite Stück seiner Beiträge zur Optik heraus.

Darin sind die Erscheinungen beschrieben, welche weiße Felder auf schwarzem Grunde, schwarze auf weißem und farbige Felder auf schwarzem oder weißem Grunde darbieten, wenn sie durch ein Prisma angesehen werden. Über den Erfolg der Versuche ist durchaus kein Streit zwischen ihm und den Physikern. Er beschreibt die gesehenen Erscheinungen umständlich, streng naturgetreu und lebhaft, ordnet sie in einer angenehm zu übersehenden Weise zusammen und bewährt sich hier, wie überall im Gebiete des Tatsächlichen, als der große Meister der Darstellung. Er spricht dabei aus, dass er die vorgetragenen Tatsachen zur Widerlegung von *Newtons* Theorie geeignet halte. Namentlich sind es zwei Punkte, an denen er Anstoß nimmt, nämlich, dass die Mitte einer weißen breiteren Fläche, durch das Prisma gesehen, weiß bleibe, und dass auch ein schwarzer Streifen auf weißem Grunde ganz in Farben aufgelöst werden könne.

Newtons Farbentheorie gründet sich auf die Annahme, dass es Licht verschiedener Art gebe, welches sich unter anderem auch durch den Farbeneindruck unterscheide, den es im Auge mache. So gebe es Licht von roter, orangefarbener, gelber, grüner;

blauer, violetter Farbe wie von allen zwischenliegenden Übergangsstufen.

Licht verschiedener Art und Farbe zusammengemischt gebe Mischfarben, die teils anderen ursprünglichen Farben ähnlich sehen, teils neue Farbentöne bilden. Weiß sei die Mischung aller genannten Farben in bestimmten Verhältnissen. Aus den Mischfarben und dem Weiss könne man aber stets die einfachen Farben wieder ausscheiden, die Letzteren seien dagegen unzerlegbar und unveränderlich. Die Farben der durchsichtigen und undurchsichtigen irdischen Körper entständen dadurch, dass diese, von weißem Lichte getroffen, einzelne farbige Teile desselben vernichteten, andere, welche nun nicht mehr im richtigen Verhältnis gemischt seien, um Weiss zu geben, dem Auge zuschickten. So erscheine ein rotes Glas deshalb rot, weil es nur rote Strahlen durchlasse. Alle Farbe rühre also nur von einem veränderten Mischungsverhältnis des Lichtes her, gehöre also ursprünglich dem Lichte an, nicht den Körpern, und Letztere seien nur die Veranlassung zu ihrem Hervortreten.

Ein Prisma bricht das durchgehende Licht, d. h. lenkt es um einen gewissen Winkel von seinem Wege ab; verschiedenfarbiges einfaches Licht hat nach *Newton* verschiedene Brechbarkeit, schlägt deshalb nach der Brechung im Prisma verschiedene Wege ein und trennt sich voneinander. Ein heller Punkt von verschwindend kleiner Größe erscheint deshalb, durch das Prisma gesehen, aus seiner Stelle gerückt und in eine farbige Linie, ein sogenanntes Farbenspektrum, ausgezogen, welches die genannten einfachen Farben in der angegebenen Reihenfolge zeigt. Betrachtet man eine breitere helle Fläche, so fallen, wie eine leichte geometrische Untersuchung zeigt, die Spektra der in ihrer Mitte gelegenen Punkte so übereinander, dass alle Farben überall in dem Verhältnisse, um Weiss zu geben, zusammentreffen. Nur an den Rändern werden sie teilweise frei. Es erscheint daher die weiße Fläche verschoben; an dem einen Rande blau und violett, am anderen gelb und rot gesäumt. Ein schwarzer Streif zwischen zwei weißen Flächen kann von deren farbigen Säumen ganz bedeckt werden; wo sie in der Mitte zusammenstoßen, mischen sich Roth und Violett zur Purpurfarbe. Die Farben, in die der schwarze Streif aufgelöst erscheint, entstehen also nicht aus dem Schwarzen, sondern aus dem umgebenden Weißen.

Im ersten Augenblicke hat *Goethe* offenbar *Newtons* Theorie zu wenig im Gedächtnis gehabt, um die physikalische Erklärung der genannten Tatsachen, die ich eben angedeutet habe, finden zu können. Später ist sie ihm vielfach, und zwar durchaus verständlich, vorgetragen worden, denn er spricht darüber mehrere Male so, dass man sieht, er habe sie ganz richtig verstanden. In der Erklärung der neunten Kupfertafel zur Farbenlehre, welche gegen *Green* gerichtet ist. Sie genügt ihm aber so wenig, dass er dennoch fortwährend bei der Behauptung bleibt, die angegebenen Tatsachen seien geeignet, jedem, der sie nur ansehe, die gänzliche Unrichtigkeit von *Newton*s Theorie vor Augen zu legen. Aber weder hier noch in seinen späteren polemischen Schriften bezeichnet *Goethe* auch nur ein einziges Mal mit Bestimmtheit, worin denn das Ungenügende der Erklärung liege. Er wiederholt nur immer wieder und wieder die Versicherung ihrer gänzlichen Absurdität. Und doch weiß ich nicht, wie jemand – seine Ansicht über die Farben sei, wie sie wolle – zu bestreiten vermag, dass die Theorie in sich vollständig konsequent ist, dass ihre Annahmen, einmal zugegeben, die besprochenen Tatsachen vollständig und sogar einfach erklären. *Newton* selbst erwähnt an vielen Stellen seiner optischen Schriften solcher unreinen, in der Mitte noch weißen Spektra, ohne sich je in eine besondere Erörterung darüber einzulassen, offenbar in der Meinung, dass die Erklärung davon sich aus seinen Annahmen von selbst verstehe. Und er scheint sich in dieser Meinung nicht getäuscht zu haben, denn als *Goethe* anfing, auf die betreffenden Erscheinungen aufmerksam zu machen, trat ihm ein jeder, der etwas von Physik wusste, wie er selbst berichtet, unabänderlich mit dieser selben Erklärung aus *Newtons* Prinzipien sogleich entgegen, die sich also ein jeder auf der Stelle zu bilden imstande war.

Den Lesenden, der aufmerksam und gründlich jeden Schritt in diesem Teile der Farbenlehre sich klar zu machen sucht, überschleicht hier leicht ein unheimliches ängstliches Gefühl; er hört fortdauernd einen Mann von der seltensten geistigen Begabung leidenschaftlich versichern, in einigen scheinbar ganz klaren, ganz einfachen Schlüssen sei eine augenfällige Absurdität verborgen. Er sucht und sucht, und da er beim besten Willen keine solche finden kann, nicht einmal einen Schein davon, wird ihm endlich zumute, als wären seine eigenen Gedanken wie festgenagelt. Aber eben wegen dieses offenen und schroffen Widerspruches ist der Standpunkt, den *Goethe* 1792 in der Farbenlehre einnahm, so interessant und wichtig. Er hat hier seine eigene Theorie noch nicht entwickelt; es handelt sich noch um einige wenige leicht zu übersehende Tatsachen, über deren Richtigkeit alle Parteien einig sind, und doch stehen beide mit ihren Ansichten streng gesondert einander gegenüber; keiner begreift auch nur, was der Gegner eigentlich wolle. Auf der einen Seite steht eine Zahl von Physikern, welche durch lange Reihen der scharfsinnigsten Untersuchungen, Rechnungen und Erfindungen die Optik zu einer Vollendung gebracht haben, dass sie als die einzige der physikalischen Wissenschaften mit der Astronomie fast zu wetteifern anfing. Alle haben teils durch direkte Untersuchungen, teils durch die Sicherheit, mit der sie den Erfolg der mannigfaltigsten Konstruktionen und Kombinationen von Instrumenten voraus berechnen können, Gelegenheit gehabt, die Folgerungen aus *Newtons* Ansichten an der. Erfahrung zu prüfen, und stimmen in diesem Felde ausnahmslos überein. Auf der anderen Seite steht ein Mann, dessen seltene geistige Größe, dessen besonderes Talent für die Auffassung der tatsächlichen Wirklichkeit wir nicht nur in der Dichtkunst, sondern auch in den beschreibenden Teilen der. Naturwissenschaften anzuerkennen Ursache haben; der mit dem größten Eifer versichert, seine Gegner seien im Irrtum; der in seiner Überzeugung so gewiss ist, dass er sich jeden Widerspruch nur durch Beschränktheit oder bösen Willen erklären kann; der endlich seine Leistungen in der Farbenlehre für viel wertvoller erklärt, als alles, was er je in der Dichtkunst getan habe. S. *Eckermanns* Gespräche.

Ein so schroffer Widerspruch lässt uns vermuten, dass hinter der Sache ein viel tiefer liegender prinzipieller Gegensatz verschiedener Geistesrichtungen verborgen sei, der das gegenseitige Verständnis der streitenden Parteien verhindere. Ich will mich bemühen, im Folgenden zu bezeichnen, worin ich einen solchen zu finden glaube.

Goethe, obgleich er sich in vielen Feldern geistiger Tätigkeit versucht hat, ist seiner hervorragendsten Begabung nach Dichter. Das Wesentliche der dichterischen wie jeder künstlerischen Tätigkeit besteht darin, das künstlerische Material zum unmittelbaren Ausdruck der Idee zu machen. Nicht als das Resultat einer Begriffsentwickelung, sondern als das der unmittelbaren geistigen Anschauung, des erregten Gefühls, dem Dichter selbst kaum bewusst, muss die Idee in dem vollendeten Kunstwerk daliegen und es beherrschen. Durch diese Einkleidung in die Form unmittelbarer

Wirklichkeit empfängt der ideelle Gehalt des Kunstwerkes eben die ganze Lebendigkeit des unmittelbaren sinnlichen Eindruckes, verliert aber natürlich die Allgemeinheit und Verständlichkeit, welche er, in der Form des Begriffes vorgetragen, haben würde. Der Dichter, welcher in dieser besonderen Art der geistigen Tätigkeit die eigene wunderbare Kraft seiner Werke begründet fühlt, sucht dieselbe auch auf andere Gebiete zu übertragen. Die Natur sucht er nicht in anschauungslose Begriffe zu fassen, sondern er stellt sich ihr gegenüber wie einem in sich geschlossenen Kunstwerke, welches seinen geistigen Inhalt von selbst hier oder dort dem empfänglichen Beschauer offenbaren müsse. So wird ihm auf dem Lido von Venedig, beim Anblick des gesprengten Schafschädels, an dem ihm die Wirbeltheorie des Schädels aufgeht, sein alter, durch Erfahrung bestärkter Glauben wieder aufgefrischt, dass die Natur kein Geheimnis habe, was sie nicht irgendwo dem aufmerksamen Beobachter nackt vor die Augen stelle. Dasselbe geschieht bei seinem ersten Gespräch mit *Schiller* über die Metamorphose der Pflanzen. Für *Schiller*, den Kantianer, ist die Idee das ewig zu erstrebende, ewig unerreichbare und daher nie in der Wirklichkeit darzustellende Ziel, während *Goethe*, als echter

Dichter, in der Wirklichkeit den unmittelbaren Ausdruck der Idee zu finden meint. Er selbst gibt an, dass dadurch der Punkt, der ihn von *Schiller* trennt, auf das Strengste bezeichnet sei. Hier liegt auch seine Verwandtschaft mit *Schellings* und *Hegels* Naturphilosophie, welche ebenfalls von der Annahme ausgeht, dass die Natur die verschiedenen Entwickelungsstufen des Begriffs unmittelbar darstelle. Daher auch die Wärme, mit der *Hegel* und seine Schüler *Goethes* naturwissenschaftliche Ansichten verteidigt haben. Die bezeichnete Naturansicht bedingt bei *Goethe* denn auch die fortgesetzte Polemik gegen zusammengesetzte Versuchsweisen. Wie das ächte Kunstwerk keinen fremden Eingriff erträgt, ohne beschädigt zu werden, so wird ihm auch die Natur durch die Eingriffe des Experimentierenden in ihrer Harmonie gestört, gequält, verwirrt, und sie täuscht dafür den Störenfried durch ein Zerrbild.

Geheimnisvoll am lichten Tag
Lässt sich Natur des Schleiers nicht berauben,
Und was sie deinem Geist nicht offenbaren mag,
Das zwingst du ihr nicht ab mit Hebeln und mit
Schrauben.

Demgemäß spottet er oftmals, namentlich in seiner Polemik gegen *Newton*, der durch viele enge Spalten und Gläser hindurchgequälten Farbenspektra und preist die Versuche, welche man in klarem Sonnenschein unter freiem Himmel anstellen könne, nicht nur als besonders leicht und besonders ergötzlich, sondern auch als besonders beweisend.

Die dichterische Richtung geistiger Tätigkeit charakterisiert sich schon ganz entschieden in seinen morphologischen Arbeiten. Man untersuche nur, was denn eigentlich mit den Ideen geleistet ist, die die Wissenschaft von ihm empfangen hat, man wird ein höchst wunderliches Verhältnis finden. Niemand wird sich gegen die Evidenz verschließen, wenn ihm die Reihenfolge der Veränderungen vorgelegt wird, womit ein Blatt in einen Staubfaden, ein Arm in einen Flügel oder eine Flosse, ein Wirbel in das Hinterhauptbein übergeht. Die Idee, sämtliche Blüthenteile der Pflanze seien umgeformte Blätter, eröffnet einen gesetzmäßigen Zusammenhang, der etwas sehr überraschendes hat. Jetzt suche man das blattartige Organ zu definieren, sein Wesen zu bestimmen, sodass es alle die genannten Gebilde in sich begreift. Man gerät in Verlegenheit, weil alle besonderen Merkmale verschwinden, und man zuletzt nichts übrig behält, als dass ein Blatt im weiteren Sinne ein seitlicher Anhang der Pflanzenachse sei. Sucht man also den Satz: »die Blütenteile sind veränderte Blätter«, in der Form wissenschaftlicher Begriffsbestimmungen auszusprechen, so verwandelt er sich in den anderen: »die Blütenteile sind seitliche Anhänge der Pflanzenachse«, und um das zu sehen, braucht kein *Goethe* zu kommen. Ebenso hat man der Wirbeltheorie des Schädels nicht mit Unrecht vorgeworfen, sie müsse den Begriff des Wirbels so sehr erweitern, dass nichts übrig bleibe, als, ein Wirbel sei ein Knochen. Nicht kleiner ist die Verlegenheit, wenn man in klaren wissenschaftlichen Begriffen definieren soll, was es bedeute, dass dieser Teil des einen Tieres jenem des anderen entspreche. Es ist nicht der gleiche physiologische Gebrauch, denn dasselbe Knochenstück, welches bei einem Vogel zur Einlenkung des Unterkiefers dient, wird bei einem Säugetiere ein winziges, in der Tiefe des Felsenbeins verborgenes Gehörknöchelchen, – es ist nicht die Gestalt, nicht die Lage, nicht die Verbindung mit anderen Teilen, welche einen konstanten Charakter seiner Identität abgeben. Aber dennoch ist es in den meisten Fällen durch Verfolgung der Übergangsstufen möglich gewesen, mit ziemlicher Sicherheit auszumitteln, welche Teile sich entsprechen. *Goe-*

the selbst hat dieses Verhältnis sehr richtig eingesehen; er sagt bei Gelegenheit der Wirbeltheorie des Schädels: »Ein dergleichen Aperçu, ein solches Gewahrwerden, Auffassen, Vorstellen, Begriff, Idee, wie man es nennen mag, behält immerfort, man gebende sich, wie man will, eine esoterische Eigenschaft; im Ganzen lässt es sich aussprechen, aber nicht beweisen, im Einzelnen lässt es sich wohl vorzeigen, doch bringt man es nicht rund und fertig.« So steht die Sache größtenteils noch jetzt. Man kann sich den Unterschied noch klarer machen, wenn man überlegt, wie die Physiologie, die Erforscherin des ursächlichen Zusammenhangs der Lebensvorgänge, diese Idee des gemeinsamen Bauplanes der Tiere behandeln müsste. Sie könnte fragen: Ist etwa die Ansicht richtig, wonach während der geologischen Entwicklung der Erde sich eine Tierart aus der anderen gebildet habe, und hat sich dabei die Brustflosse des Fisches allmählich in einen Arm oder Flügel verwandelt? Oder sind die verschiedenen Tierarten gleich fertig erschaffen worden, und rührt ihre Ähnlichkeit daher, dass die frühesten Schritte der Entwicklung aus dem Ei bei allen Wirbeltieren nur auf eine einzige, sehr übereinstimmende Weise von der Natur ausgeführt werden können, und sind die späteren Analogien des Baues durch diese ersten gemeinsamen Grundzüge der Entwicklung bedingt? Zu der letzteren Ansicht möchte sich die Mehrzahl der Forscher gegenwärtig neigen, dies ist vor *Darwins* Buch über den Ursprung der Arten geschrieben. denn die Übereinstimmung in den früheren Zeiten der Entwicklung ist sehr auffallend. So haben selbst die jungen Säugetiere zeitweise die Anlagen zu Kiemenbögen an den Seiten des Halses, wie die Fische, und es scheinen in der Tat die sich entsprechenden Teile der erwachsenen Tiere während der Entwicklung auf gleiche Weise zu entstehen, sodass man neuerdings angefangen hat, die Entwicklungsgeschichte als Kontrolle für die theoretischen Ansichten der vergleichenden Anatomie zu gebrauchen. Man sieht, dass durch die angedeuteten physiologischen Ansichten die Idee des gemeinsamen Typus ihre begriffliche Bestimmung und Bedeutung bekommen würde. *Goethe* hat Großes geleistet, indem er ahnte, dass ein Gesetz vorhanden sei, und die Spuren desselben scharfsichtig verfolgte; aber welches Gesetz da sei, erkannte er nicht und suchte auch nicht danach. Das Letztere lag nicht in der Richtung seiner Tätigkeit; und darüber ist selbst bei dem jetzigen Zustande der Wissenschaft noch keine feststehende Ansicht möglich, kaum dass die Art erkannt wird, wie die Fragen zu stellen sein werden. Gern erkennen wir also an, dass *Goethe* in diesem Gebiete alles geleistet hat, was in seiner Zeit überhaupt zu leisten war. Ich sagte vorher, er stelle sich der Natur wie einem Kunstwerke gegenüber. In seinen morphologischen Studien spielt er dieselbe Rolle, wie der kunstsinnige Hörer einer Tragödie, welcher fein herausfühlt, dass in dieser alles Einzelne zusammengehört, zusammenwirkt, von einem gemeinsamen Plan beherrscht wird, und sich an dieser kunstvollen Planmäßigkeit lebhaft erfreut, ohne doch die leitende Idee des Ganzen begriffsmäßig entwickeln zu können. Das letztere Geschäft bleibt der wissenschaftlichen Betrachtung des Kunstwerks vorbehalten, und jener Hörer ist vielleicht, wie *Goethe* der Natur gegenüber, kein Freund solcher Zergliederung des Werkes, an dem er sich freut, weil er, aber mit Unrecht, fürchtet, seine Freude könne ihm dadurch gestört werden.

Ähnlich ist *Goethes* Standpunkt in der Farbenlehre. Wir haben gesehen, dass seine Opposition gegen die physikalische Theorie bei einem Punkte anhebt, wo diese ganz vollständige und konsequente Erklärungen aus ihren einmal angenommenen Grundla-

gen gibt. Er kann offenbar nicht daran Anstoß genommen haben, dass die Theorie in
dem einzelnen Falle nicht ausreicht, sondern vielmehr an den Annahmen, die sie
zum Zwecke der Erklärung macht, und die
ihm so absurd erscheinen, dass er deshalb
die gegebene Erklärung als gar keine ach-
tet. Es scheint ihm namentlich der Gedanke
undenkbar gewesen zu sein, dass weißes
Licht aus farbigem zusammengesetzt werden könne; er verdammt schon in jener
frühesten Zeit Konfession am Schluss der
Geschichte der Farbenlehre das ekelhafte
Newton'sche Weiß der Physiker, ein Ausdruck, welcher anzudeuten scheint, dass
besonders diese Annahme ihn in jener Erklärung beleidigte.

Auch in seiner späteren Polemik gegen
Newton, welche erst herausgegeben wurde,
nachdem seine eigene Theorie der Farben
vollendet war, geht *Goethes* Streben mehr
dahin, zu zeigen, dass die von *Newton* an-
geführten Tatsachen sich auch aus seiner
Ansicht erklären ließen, und dass die Ansicht *Newtons* deshalb nicht genügend be-
wiesen sei, als dass er in derselben innere
Widersprüche oder solche gegen die Tatsachen nachzuweisen suchte. Vielmehr
glaubte er, seine eigene Ansicht sei so
überzeugend, dass er sie nur vorzuführen

brauche, um die Annahme *Newtons* zu vernichten. Es sind nur wenige Stellen, wo er die von *Newton* beschriebenen Versuche bestreitet. Die Wiederholung von einigen derselben (Polemischer Teil. §. 47 u. 169.) scheint ihm deshalb nicht geglückt zu sein, weil nicht bei allen Stellungen der dabei gebrauchten Linsen der Erfolg gleich leicht zu beobachten ist, und weil ihm die geometrischen Verhältnisse unbekannt waren, durch welche sich die günstigste Stellung der Linsen bestimmt. Bei anderen Versuchen über die Ausscheidung einfachen farbigen Lichtes mit Hülfe bloßer Prismen sind *Goethes* Einwürfe nicht ganz unrichtig, insofern die Reinigung der isolierten Farben auf diesem Wege wohl schwerlich so weit getrieben werden kann, dass die Brechung in einem andern Prisma nicht Spuren einer andern Färbung an den Rändern noch geben sollte. Eine so vollständige Ausscheidung des einfach farbigen Lichtes lässt sich nur in sehr sorgfältig geordneten, gleichzeitig aus Prismen und Linsen bestehenden Apparaten bewirken, und *Goethe* ist die Besprechung gerade dieser Versuche, welche er auf einen supplementären Teil verschoben hatte, schuldig geblieben. Wenn er auf die verwirrende Komplikation dieser Vorrichtungen schilt, so denke man an die mühsamen Umwege, welche der

Chemiker oft nehmen muss, um gewisse einfache Körper rein darzustellen, und man wird sich nicht verwundern dürfen, dass die ähnliche Aufgabe für das Licht nicht unter freiem Himmel, im Garten und mit einem einfachen Prisma in der Hand zu lösen ist. Ich erlaube mir hier noch zu bemerken, dass ich die Unzerlegbarkeit und Unveränderlichkeit des einfachen farbigen Lichtes, diese beiden Grundlagen von *Newtons* Theorie, nicht bloß vom Hörensagen, sondern durch eigenen Augenschein kenne, indem ich in einer meiner eigenen Untersuchungen (über *D. Brewsters* neue Analyse des Sonnenlichts in Poggendorffs Annalen Bd. 86, S. 501) gezwungen war, die Reinigung des farbigen Lichtes bis zur letzten erreichbaren Vollendung zu treiben. *Goethe* muss seiner Theorie gemäß die Möglichkeit, reines farbiges Licht abzuscheiden, gänzlich in Abrede stellen. Ob er jemals mit Apparaten experimentiert hat, welche geeignet waren, diese Aufgabe zu lösen, bleibt zweifelhaft, da eben der versprochene supplementäre Teil fehlt.

Um eine Anschauung von der Leidenschaftlichkeit zu geben, mit welcher der sonst so hofmännisch gemäßigte *Goethe* gegen *Newton* polemisiert, zitiere ich aus wenigen Seiten des polemischen Teils der

Farbenlehre folgende Ausdrücke, mit denen er die Sätze dieses größten Denkers in dem Gebiete der Physik und der Astronomie belegt: – »bis zum Unglaublichen unverschämt« – »barer Unsinn« – »fratzenhafte Erklärungsart« – »höchlich bewundernswert für die Schüler in der Laufbank.« – »Aber ich sehe wohl, Lügen bedarf's und über die Maßen.«

Goethe bleibt auch in der Farbenlehre seiner oben erwähnten Ansicht getreu, dass die Natur ihre Geheimnisse von selbst darlegen müsse, dass sie die durchsichtige Darstellung ihres ideellen Inhalts sei. Er fordert daher für die Untersuchung physikalischer Gegenstände eine solche Anordnung der Beobachtungen, dass eine Tatsache immer die andere erkläre, damit man zur Einsicht in den Zusammenhang komme, ohne das Gebiet der sinnlichen Wahrnehmung zu verlassen. Diese Forderung hat einen sehr bestechenden Schein für sich, ist aber ihrem Wesen nach grundfalsch. Denn eine Naturerscheinung ist physikalisch erst dann vollständig erklärt, wenn man sie bis auf die letzten ihr zugrunde liegenden und in ihr wirksamen Naturkräfte zurückgeführt hat. Da wir nun die Kräfte nie an sich, sondern nur ihre Wirkungen wahrnehmen können, so müssen wir in jeder Erklärung von Naturerscheinungen das Gebiet der Sinnlichkeit verlassen und zu unwahrnehmbaren, nur durch Begriffe bestimmten Dingen übergehen. Wenn wir einen Ofen warm finden und dann bemerken, dass Feuer darin brennt, so sagen wir allerdings, vermöge eines ungenauen Sprachgebrauches, dass durch die zweite Wahrnehmung die erste erklärt werde. Im Grunde heißt das aber doch nichts anderes als: Wir sind immer gewohnt, da, wo Feuer brennt, auch Wärme zu finden, so auch dieses Mal im Ofen. Wir reihen also unser Faktum unter ein allgemeineres, bekannteres ein, beruhigen uns dabei und nennen dies fälschlich eine Erklärung. Die Allgemeinheit dieser Beobachtung führt offenbar noch nicht die Einsicht in die Ursachen mit sich; Letztere ergibt sich erst, wenn wir ermitteln können, welche Kräfte in dem Feuer wirksam sind, und wie die Wirkungen von ihnen abhängen.

Aber dieser Schritt in das Reich der Begriffe, welcher notwendig gemacht werden muss, wenn wir zu den Ursachen der Naturerscheinungen aufsteigen wollen, schreckt den Dichter zurück. In seinen Dichtwerken hat er deren geistigem Gehalt die Einkleidung der unmittelbarsten sinnlichen Anschauung gegeben, ohne alle begrifflichen Zwischenglieder. Je größer hier die sinnliche Lebendigkeit der Anschauung war, desto größer war sein Ruhm. Er möchte die Natur ebenso angegriffen sehen. Der Physiker dagegen will ihn hinüberführen in eine Welt unsichtbarer Atome, Bewegungen, anziehender und abstoßender Kräfte, die, in zwar gesetzmäßigem, aber kaum zu übersehendem Gewirr, durcheinander arbeiten. Ihm ist der sinnliche Eindruck keine unumstößliche Autorität; er untersucht die Berechtigung desselben, fragt, ob wirklich das ähnlich, was die Sinne für ähnlich, ob wirklich das verschieden, was sie für verschieden erklären, und kommt häufig zu einer verneinenden Antwort. Das Resultat dieser Prüfung, wie es jetzt vorliegt, ist, dass die Sinnesorgane uns zwar von äußeren Einwirkungen benachrichtigen, dieselben aber in ganz veränderter Gestalt zum Bewusstsein bringen, sodass die Art und Weise der sinnlichen Wahrnehmung weniger von den Eigentümlichkeiten des wahrgenommenen Gegenstandes abhängt, als von denen des Sinnesorganes, durch welches wir die Nachricht bekommen. Alles, was uns der Sehnerv berichtet, berichtet er unter dem Bilde einer Lichtempfindung, sei es nun die Strahlung der Sonne oder ein Stoß auf das Auge oder ein elektrischer Strom im Auge.

Der Hörnerv verwandelt wiederum alles in Schallphänomene, der Hautnerv in Temperatur- oder Tastempfindungen. Derselbe elektrische Strom, dessen Dasein der Sehnerv als einen Lichtschein, der Geschmacksnerv als Säure berichtet, erregt im Hautnerven das Gefühl des Brennens. Denselben Sonnenstrahl, den wir Licht nennen, wenn er in das Auge fällt, nennen wir Wärme, wenn er die Haut trifft. Objektiv dagegen ist das Tageslicht, welches in unsere Fenster eindringt, und die Wärmestrahlung eines eisernen Ofens nicht mehr und nicht anders voneinander unterschieden, als es die roten und blauen Bestandteile des Lichtes unter sich sind. Wie sich die roten von den blauen Strahlen, nach der Undulationstheorie, durch größere Schwingungsdauer und geringere Brechbarkeit unterscheiden, so haben die dunklen Wärmestrahlen des Ofens eine größere Schwingungsdauer und eine geringere Brechbarkeit als die roten Lichtstrahlen, sind ihnen aber in jeder anderen Beziehung vollkommen ähnlich. Alle diese Strahlen, leuchtende und nicht leuchtende, wärmen, aber nur ein gewisser Teil derselben, den wir eben deshalb mit dem Namen Licht belegen, kann durch die durchsichtigen Teile unseres Auges bis zum Sehnerv dringen und Lichtempfindung erregen. Wir können das Verhältnis vielleicht am passendsten so bezeichnen: Die Sinnesempfindungen sind uns nur Symbole für die Gegenstände der Außenwelt und entsprechen diesen etwa, wie der Schriftzug oder Wortlaut dem dadurch bezeichneten Ding entspricht. Sie geben uns zwar Nachricht von den Eigentümlichkeiten der Außenwelt, aber nicht bessere, als wir einem Blinden durch Wortbeschreibungen von der Farbe geben.

Wir sehen, dass die Wissenschaft zu einer ganz entgegengesetzten Schätzung der Sinnlichkeit gelangt ist, als sie der Dichter in sich trug, und zwar ist es *Newton*s Behauptung gewesen, Weiss sei aus allen Farben des Spektrums zusammengesetzt, welche den ersten Keim zu dieser erst später sich entwickelnden Ansicht ergab. Denn zu jener Zeit fehlten noch die galvanischen Beobachtungen, die den Weg zur Kenntnis eröffneten, welche Rolle die Eigentümlichkeit der Sinnesnerven bei den Sinnesempfindungen spielt. Weiss, welches dem Auge als der einfachste, reinste aller Farbeneindrücke erscheint, sollte aus dem unreineren Mannigfaltigen zusammengesetzt sein. Hier scheint der Dichter mit schneller Vorahnung gefühlt zu haben, dass durch die Konsequenzen dieses Satzes sein ganzes Prinzip infrage komme, und deshalb erscheint ihm diese Annahme so undenkbar, so namenlos absurd. Seine Farbenlehre müssen wir als den Versuch betrachten, die unmittelbare Wahrheit des sinnlichen Eindrucks gegen die Angriffe der Wissenschaft zu retten. Daher der Eifer, mit dem er sie auszubilden und zu verteidigen strebt, die leidenschaftliche Gereiztheit, mit der er die Gegner angreift, die überwiegende Wichtigkeit, welche er ihr vor allen seinen anderen Werken zuschreibt, und die Unmöglichkeit der Überzeugung und Versöhnung.

Wenden wir uns nun zu seinen eigenen theoretischen Vorstellungen, so ergibt sich schon aus dem Vorigen, dass *Goethe*, ohne seinem Prinzip untreu zu werden, keine Erklärung der Erscheinungen geben kann, welche im physikalischen Sinne eine solche wäre. Und so finden wir es wirklich. Er geht davon aus, dass die Farben stets dunkler sind als das Weiß, dass sie etwas Schattiges haben (nach der physikalischen Theorie: weil Weiss, die Summe alles farbigen Lichtes, heller sein muss als jeder seiner einzelnen Teile). Direkte Mischung von Licht und Dunkel, von Weiss und Schwarz gibt Grau; die Farben müssen also durch eine andere Art der Zusammenwirkung von Licht und Schatten entstanden sein.

Diese glaubt *Goethe* in den Erscheinungen schwach getrübter Medien zu finden. Solche sehen in der Regel blau aus, wenn sie selbst vom Lichte getroffen vor einem dunklen Grunde gesehen werden, gelb dagegen, wenn man durch sie einen hellen Gegenstand sieht. So erscheint die Luft bei Tage vor dem dunklen Himmelsgrunde blau, und die Sonne, beim Untergange durch eine lange trübe Luftschicht gesehen, gelb oder gelbrot.

Die physikalische Erklärung dieses Phänomens, das sich jedoch nicht an allen trüben Körpern, z. B. nicht an matt geschliffenen Glasplatten zeigt, würde uns hier zu weit von unserem Wege abführen. Durch das trübe Mittel soll nach *Goethe* dem Lichte etwas Körperliches, Schattiges gegeben werden, wie es zum Entstehen der Farbe notwendig sei. Schon bei dieser Vorstellung gerät man in Verlegenheit, wenn man sie als eine physikalische Erklärung betrachten will. Sollen sich etwa körperliche Teile zu dem Lichte mischen und mit ihm davonfliegen? Auf dieses sein Urphänomen sucht *Goethe* alle übrigen Farbenerscheinungen zurückzuführen, namentlich die prismatischen. Er betrachtet alle durchsichtigen Körper als schwach trübe und nimmt an, dass das Prisma dem Bilde, welches es dem Beobachter zeigt, von seiner Trübung etwas mitteile. Hierbei ist es wieder schwer, sich etwas Bestimmtes zu denken. *Goethe* scheint gemeint zu haben, dass das Prisma nie ganz scharfe Bilder entwerfe, sondern undeutliche, verwaschene; denn in der Farbenlehre reiht er sie an die Nebenbilder an, welche parallele Glasplatten und Kristalle von Kalkspat zeigen. Verwaschen sind die Bilder des Prismas allerdings im zusammengesetzten Lichte, vollkommen scharf dagegen im einfachen. Betrachte man, meint er, durch das Prisma eine helle Fläche auf dunklem Grunde, so werde das Bild vom Prisma verschoben und getrübt. Der vorangehende Rand desselben werde über den dunklen Grund hinübergeschoben, und erscheine als helles Trübes vor dunklem Blau, der hinterher folgende Rand der hellen Fläche werde aber von dem vorgeschobenen trüben Bilde des danach folgenden schwarzen Grundes überdeckt und erscheine, als ein Helles hinter einem dunklen Trüben, gelbrot. Warum der vorgeschobene Rand vor dem Grunde, der nachbleibende hinter demselben erscheint, und nicht umgekehrt, erklärt er nicht. Man analysiere aber diese Vorstellung weiter und mache sich den Begriff des optischen Bildes klar. Wenn ich einen hellen Gegenstand in einem Spiegel abgebildet sehe, so geschieht dies deshalb, weil das Licht, welches von jenem ausgeht, von dem Spiegel gerade so zurückgeworfen wird, als käme es von einem Gegenstande gleicher Art hinter dem Spiegel her, den das Auge des Beobachters demgemäß abbildet, und den der Beobachter deshalb wirklich zu sehen glaubt. Jedermann weiß, dass hinter dem Spiegel nichts Wirkliches dem Bilde entspricht, dass auch nicht einmal etwas von dem Lichte dort hindringt; sondern dass das Spiegelbild nichts ist als der geometrische Ort, in welchem die gespiegelten Strahlen, rückwärts verlängert, sich schneiden. Deshalb erwartet auch niemand, dass das Bild hinter dem Spiegel irgendeine reelle Wirkung ausüben solle. Ebenso zeigt uns das Prisma Bilder der gesehenen Gegenstände, welche eine andere Stelle als diese Gegenstände selbst haben. Das heißt: Das Licht, welches der Gegenstand nach dem Prisma sendet, wird von diesem so gebrochen, als käme es von einem seitlich liegenden Gegenstande, dem Bilde, her. Dieses Bild ist nun wieder nichts Reelles, sondern es ist wiederum nur der geometrische Ort, in welchem sich, rückwärts verlängert, die Lichtstrahlen schneiden. Und doch soll nach *Goethe* dieses Bild durch seine Verschiebung reelle Wirkungen hervorbringen. Das verschobene Helle soll wie ein trüber Körper das dahinter scheinende Dunkle blau, das verschobene Dunkle das dahinter liegende Helle rotgelb erscheinen lassen. *Goethe* behandelt hier ganz eigentlich das Bild in seiner scheinbaren Örtlichkeit als Gegenstand. Dies zwingt ihn zu der Annahme, der blaue Rand des hellen Feldes liege örtlich vor, der rote hinter dem mitverschobenen dunklen Bilde. *Goethe* bleibt hier dem sinnlichen Scheine getreu und behandelt einen geometrischen Ort als körperlichen Gegenstand. Ebenso wenig nimmt er daran Anstoß, Roth und Blau sich zuweilen gegenseitig zerstören zu lassen, z. B. in dem prismatischen blauen Rande eines roten Feldes, in anderen Fällen dagegen daraus eine schöne Purpurfarbe zusammenzusetzen, wenn sich z. B. die blauen und roten Ränder über einem schwarzen Felde begegnen. Noch wunderlicher sind die Wege, wie er sich aus den Verlegenheiten zieht, welche ihm *Newtons* zusammengesetztere Versuche bereiten. Solange man *Goethes* Erklärungen als bildliche Versinnlichungen der Vorgänge gelten lässt, kann man ihnen beistimmen, ja sie haben oft etwas sehr Anschauliches und Bezeichnendes; als physikalische Erklärungen dagegen würden sie sinnlos sein.

Dass der theoretische Teil der *Goethe'schen* Farbenlehre keine Physik ist, wird jedem einleuchten, und man kann auch einsehen, dass der Dichter eine ganz andere Betrachtungsweise, als die physikalische, in die Naturforschung einführen wollte, und wie er dazu kam. In der Dichtung kommt es ihm nur auf den »schönen Schein« an, der das Ideale zur Anschauung bringt; wie dieser Schein zustande komme, ist gleichgültig. Auch die Natur ist dem Dichter sinnbildlicher Ausdruck des Geistigen. Die Physik sucht dagegen die Hebel, Stricke und Rollen zu entdecken, welche, hinter den Kulissen arbeitend, diese regieren, und der Anblick des Mechanismus zerstört freilich den schönen Schein. Deshalb möchte der Dichter gern die Stricke und Rollen hinwegleugnen, sie für die Ausgeburten pedantischer Köpfe erklären und die Sache so darstellen, als veränderten die Kulissen sich selbst, oder als würden sie durch die Idee des Kunstwerkes regiert. Auch liegt es in *Goethes* ganzer Richtung, dass gerade er unter allen Dichtern gegen die Physik polemisch auftreten musste. Andere Dichter, je nach der Eigentümlichkeit ihres Talentes, achten entweder in der leidenschaftlichen Macht ihrer Begeisterung nicht auf das störende Materielle, oder sie erfreuen sich daran, wie auch durch die widerstrebende Materie der Geist sich Wege bahnt. *Goethe*, nie durch eine subjektive Erregung über die umgebende Wirklichkeit geblendet, kann nur da behaglich verweilen, wo er die Wirklichkeit selbst vollständig poetisch gestempelt hat. Darin liegt die eigentümliche Schönheit seiner Dichtungen, und darin liegt auch gleichzeitig der Grund, warum er gegen den Mechanismus, der ihn jeden Augenblick in seinem poetischen Behagen zu stören droht, kämpfend auftritt und den Feind in seinem eigenen Lager anzugreifen sucht.

Wir können aber den Mechanismus der Materie nicht dadurch besiegen, dass wir ihn wegleugnen, sondern nur dadurch, dass wir ihn den Zwecken des sittlichen Geistes unterwerfen. Wir müssen seine Hebel und Stricke kennenlernen – wenn es auch die dichterische Naturbetrachtung stören sollte – um sie nach unserem eigenen Willen regieren zu können; darin liegt die große Bedeutung der physikalischen Forschung für die Kultur des Menschengeschlechtes und ihre volle Berechtigung gegründet.

Aus dem Dargestellten wird es klar sein, dass *Goethe* allerdings in seinen verschiedenen naturwissenschaftlichen Arbeiten die gleiche Richtung geistiger Tätigkeit verfolgt hat, dass aber die Aufgaben sehr entgegengesetzter Art waren. Dieselbe Eigentümlichkeit, welche ihn auf dem einen Felde zu glänzendem Ruhme emportrug, bedingte sein Scheitern auf dem anderen. In dieser Einsicht wird mancher Verehrer des großen Dichters vielleicht geneigter werden, den Verdacht, den er gegen die Physiker hegt, schwinden zu lassen, als habe ihr verstockter Zunftstolz sie für die Inspirationen des Genius blind gemacht.

Nachschrift (1875)

Hier ist zu konstatieren, dass in dem seit der ersten Abfassung dieses Aufsatzes verflossenen Vierteljahrhundert die Gedankenkeime, welche *Goethe* im Gebiete der Naturwissenschaften ausgesät hat, zu voller und zum Teil reicher Entwickelung gelangt sind. Unverkennbar stützt sich *Darwins* Theorie von der Umbildung der organischen Formen vorzugsweise auf dieselben Analogien und Homologien im Bau der Tiere und Pflanzen, welche der Dichter, als der erste Entdecker, zunächst nur in der Form ahnender Anschauung, seinen ungläubigen Zeitgenossen darzulegen versucht hatte. *Darwins* Verdienst ist es, dass er mit großem Scharfsinne und aufmerksamer Beobachtung den ursächlichen Zusammenhang, dessen Wirkungen diese Übereinstimmungen in dem Typus der verschiedenartigsten Organismen sind, oder doch sein könnten, aufgespürt, und so die dichterische Ahnung zur Reife des klaren Begriffes entwickelt hat. Ich brauche nicht hervorzuheben, welche Umwälzung in der ganzen Auffassung der Lebenserscheinungen diese Erkenntnisse hervorgerufen haben.

Aber auch den Ideen, welche sich *Goethe* gebildet hatte über die Wege, die die Naturforschung einschlagen, und die Ziele, denen sie nachstreben müsse, ist man in naturwissenschaftlichen Kreisen unverkennbar näher gekommen.

In dieser Beziehung möchte ich hinweisen auf meine Rede zum Gedächtnis von *Gustav Magnus*. Was *Goethe* suchte, war das Gesetzliche in den Phänomenen; das war ihm die Hauptsache, welche er sich nicht durch metaphysische Gedankengebilde verwirren lassen wollte. Wenn die Naturforscher ihrerseits nun dazu gelangen, die Kraft aufzufassen als das Gesetz, das von aller Zufälligkeit der Erscheinung gereinigt, und, in seiner Herrschaft über die Wirklichkeit, als objektiv gültig anerkannt ist, so besteht über die letzten Ziele wohl kaum noch eine erhebliche Divergenz der Meinungen. Den entschiedensten Ausdruck hat diese Auffassung in *Kirchhoffs* Vorlesungen über mathematische Physik empfangen, wo er die Mechanik geradezu unter die beschreibenden Naturwissenschaften einreiht. *Goethes* Versuch, seine Anschauungen an dem Beispiel der Farbenlehre praktisch durchzuführen, können wir freilich nicht als gelungen betrachten, aber das Gewicht, was er selbst auf diese Richtung seiner Arbeiten legte, wird verständlich. Er sah auch da ein hohes Ziel vor sich, zu dem er uns führen wollte; sein Versuch, einen Anfang des Weges zu entdecken, war jedoch nicht glücklich und leitete ihn leider in unentwirrbares Gestrüpp.